DE

LA LOI DU 26 MARS 1891

RELATIVE

A L'ATTÉNUATION & A L'AGGRAVATION DES PEINES

PAR

A. TYPALDO-BASSIA

AVOCAT, DOCTEUR EN DROIT,
MEMBRE DE LA SOCIÉTÉ DE LÉGISLATION COMPARÉE,
CHEVALIER DE LA LÉGION D'HONNEUR.

Extrait de la REVUE CRITIQUE DE LÉGISLATION ET DE JURISPRUDENCE.

Prix : 2 francs

PARIS

LIBRAIRIE COTILLON
F. PICHON, SUCCESSEUR,
IMPRIMEUR-ÉDITEUR
24, rue Soufflot, 24.

LIBRAIRIE MARESCQ AINÉ
CHEVALIER-MARESCQ & Cie,
ÉDITEURS
20, rue Soufflot, 20.

1892

DE

LA LOI DU 26 MARS 1891

RELATIVE

A L'ATTÉNUATION & A L'AGGRAVATION DES PEINES

PAR

A. TYPALDO-BASSIA

AVOCAT, DOCTEUR EN DROIT,
MEMBRE DE LA SOCIÉTÉ DE LÉGISLATION COMPARÉE,
CHEVALIER DE LA LÉGION D'HONNEUR.

Extrait de la REVUE CRITIQUE DE LÉGISLATION ET DE JURISPRUDENCE.

Prix : 2 francs

PARIS

LIBRAIRIE COTILLON	LIBRAIRIE MARESCQ AINÉ
F. PICHON, SUCCESSEUR,	**CHEVALIER-MARESCQ & Cie,**
IMPRIMEUR-ÉDITEUR	ÉDITEURS
24, rue Soufflot, 24.	**20, rue Soufflot, 20.**

1892

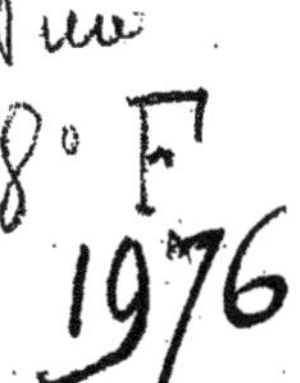

DE LA LOI DU 26 MARS 1891

RELATIVE

A L'ATTÉNUATION & A L'AGGRAVATION DES PEINES

CONSIDÉRATIONS GÉNÉRALES

TENDANCE DES DIVERSES LÉGISLATIONS A ADOPTER LE SYSTÈME DE LA CONDAMNATION CONDITIONNELLE.

Le problème le plus délicat qui se pose, en matière de récidive, c'est celui de savoir quel en est le mode de répression le plus juste et le plus efficace. Les législations anciennes, comme les modernes, ont toujours reconnu qu'en présence des récidivistes on se trouvait en face d'une situation où la nécessité de sévir devenait plus grande. Mais la difficulté a toujours été de résoudre sainement le fameux problème de pénalité que soulève la récidive et qui s'imposera peut-être à jamais à la sollicitude du législateur.

L'expérience des siècles nous a appris aujourd'hui que la société doit, pour diminuer autant que possible le nombre des récidivistes, combattre directement cette situation légale, soit en essayant de corriger par les moyens les plus salutaires le délinquant primaire et de lui éviter, par là, de nouveaux écarts, soit, si l'habitude d'immoralité est invétérée, si les mauvais instincts du récidiviste sont incorrigibles, en employant des moyens exceptionnels, énergiques, de nature à mettre le criminel de profession dans l'impossibilité absolue de nuire.

C'est pour n'avoir jusqu'à ce jour pas assez tenu compte de ces deux considérations que le législateur français se trouve réduit à avouer son impuissance en face du flot effroyable, montant sans cesse, des récidivistes.

En effet, si nous ouvrons les statistiques criminelles qui ont été dressées depuis le commencement du siècle, nous voyons que le nombre des délits augmente, tandis que celui des délinquants diminue. Il résulte nécessairement de ces observations que le nombre des récidivistes va toujours en augmentant et que cette catégorie d'individus se recrute parmi les malfaiteurs de profession, contre lesquels les sanctions pénales même les plus sévères restent impuissantes et qui bravent la société au préjudice de laquelle ils vivent.

Il ressort du rapport sur l'administration de la justice criminelle en France de 1826 à 1885 (chap. LXXXIII), que la récidive s'accentue chaque année dans des proportions vraiment surprenantes et douloureuses. Pour ne prendre que la période qui s'écoule entre l'année 1851, époque de la création des casiers judiciaires, et l'année 1885, nous constatons que le nombre proportionnel des récidivistes jugés contradictoirement par les Cours d'assises s'est élevé, pendant cette période, de 33 à 48 pour cent, et que le nombre des récidivistes jugés contradictoirement par les tribunaux correctionnels s'est accru de 21 à 43 pour cent.

Autre observation non moins grave qui se dégage encore du rapport précité : si l'on rapproche la liste des libérés des maisons centrales de la liste des récidivistes criminels et correctionnels, on obtient cette navrante constatation, que c'est précisément dans l'année même de la libération que la récidive fait le plus de victimes.

L'étude de ces statistiques nous montre où est le mal. Mais il faut chercher le remède, et un législateur ne saurait se proposer un but plus légitime et plus utile à l'humanité.

Il est incontestable que l'organisation défectueuse du système pénitentiaire français, son impuissance démontrée au grand jour par ses résultats, pèsent beaucoup dans la balance relativement à l'augmentation démesurée et progressive des récidives. Ce régime pénitentiaire, qui est inefficace à amender les coupables, est une des causes principales de cette persévérance, de cette rechute dans le crime ou le délit. En outre, les libérés trouvent difficilement à reprendre leur place dans la société qui leur est, pour ainsi dire, fermée. Les patrons ne veulent pas des ouvriers tarés, flétris par la justice. Il faut pourtant travailler si l'on veut vivre. Les anciens condamnés n'ont plus droit au travail, semble-t-il. Terrible et malheureux préjugé! Et souvent, ainsi, la nécessité de vivre les précipite de nouveau dans la mauvaise voie, d'où ils venaient à peine de sortir.

D'autres fois, une condamnation trop sévère contre un délinquant primaire, que son jeune âge, un moment d'oubli des devoirs, les mauvais compagnons, ont entraîné dans le mal, l'irrite, l'aigrit, le démoralise, au lieu de l'amender, de le faire rentrer dans le bon chemin. L'abîme attire l'abîme, dit le sage. Grâce à un système pénitentiaire insuffisant, cet individu, au lieu de se corriger, se roidira contre la société qui n'a point su lui pardonner, et entrera en lutte avec elle.

Le remède le plus propre à diminuer la récidive serait dans la solution du problème suivant : trouver un régime pénitentiaire efficace à l'amendement des délinquants primaires et en même temps de nature à mettre les récidivistes de profession dans l'impossibilité de nuire à l'ordre social.

Les rédacteurs du Code pénal de 1810 ne s'étaient nullement préoccupés de cette idée que, pour diminuer le nombre des récidives, il est nécessaire d'édicter une répression sévère contre la récidive, non en tant que délit spécial, mais comme situation anormale et dangereuse. Aussi l'accroissement exorbitant des récidives depuis 1810 est-il une preuve manifeste que le Code pénal n'a pas su trouver de moyen préventif pour combattre la récidive. « Le Code pénal de 1810, dit en résumé M. Leveillé dans un excellent article publié au journal *le Temps* (n° du 8 juin 1886), n'a pas attaché au fait de la récidive répétée l'importance majeure que nous avons été contraints de lui reconnaître nous-mêmes. Eh! bien, l'antithèse profonde des condamnés primaires et des condamnés en état de récidive habituelle doit être l'âme de notre Code futur..... Ce Code devrait même comprendre deux volumes distincts. Dans le premier volume serait réglé le sort des condamnés qui en sont à leur première infraction. Ceux-là devraient être traités par la prison. Dans le second, serait réglé le sort des récidivistes de profession. Ceux-là seraient traités par l'expatriation. »

On le voit, aujourd'hui la préoccupation constante, l'idée qui prédomine chez les criminalistes de l'Europe, c'est de prévenir autant que possible la récidive par les mesures les plus efficaces et de reléguer loin de la société les malfaiteurs d'habitude, les natures vouées au crime.

On atteindra le premier but d'abord par l'amélioration du système pénitentiaire. C'est ce désir de diminuer le fléau de la récidive qui a fait édicter au législateur français la loi du 5 juin 1875, sur le *régime des prisons départementales*. Il y a lieu d'espérer que l'on ne s'arrêtera pas là, et que la réforme en cette matière n'a pas dit son dernier mot.

Ensuite, c'est ce même désir de combattre une criminalité se concentrant sur un certain nombre d'individus qui a inspiré la loi toute récente du 26 mars 1891, qui va faire l'objet de la présente étude. Cette loi a été votée, comme nous le verrons, en faveur d'une catégorie de délinquants primaires, auxquels la loi attache encore avec raison quelque intérêt, espérant pouvoir les ramener au bien. Le but du législateur a été de réaliser un moyen qui paraît des plus puissants pour mettre obstacle à l'augmentation progressive des récidives correctionnelles. En faisant preuve de plus d'indulgence à l'égard des délinquants primaires et en leur faisant mesurer la profondeur des conséquences d'une rechute, peut-être parviendra-t-on à leur éviter de nouvelles récidives. Il faut l'espérer, et les résultats généraux déjà obtenus font augurer pour l'avenir une amélioration morale chez les condamnés.

Le second but, celui de garantir la France contre l'envahissement des repris de justice, a été atteint en partie par la loi du 27 mai 1885, sur la relégation.

L'idée de sévir par des mesures exceptionnelles et exclusives de la société contre les malfaiteurs endurcis qui constituent un véritable danger social, n'était pas étrangère à l'ancienne législation française. Sous l'Assemblée constituante, la question de transportation des récidivistes avait appelé l'attention du législateur. La transportation, quoique votée à cette époque, ne put être appliquée, faute d'un lieu pour son exécution.

La loi sur la relégation est une loi fort sévère, mais juste. La France, alarmée du nombre toujours croissant des récidivistes, a compris que ce serait humilier sa loi pénale et abuser de sa clémence que d'essayer de mettre en lutte la sévérité de cette loi avec la perversité du récidiviste. Au reste, peut-on espérer de ramener au devoir des criminels endurcis, incorrigibles? Grâce à la relégation, plus de moyens pour ces malfaiteurs de commettre quelque infraction à l'ordre public. Ils sont constamment sous les yeux et sous la main de la justice. La société n'a donc, en définitive, de remède actif, de véritable sauvegarde contre le danger provenant des rechutes successives et croissantes que dans l'exclusion du délinquant du sein de cette société qu'il peut troubler et corrompre.

L'opinion publique, la presse, les criminalistes, les tribunaux furent unanimes à applaudir à une réforme qui donnait satisfaction à un desideratum du pays.

Sécurité et utilité : tel est le double but de la loi du 27 mai 1885. Car, tout en débarrassant le continent français de tout ce qu'il contient d'impur, la relégation est un moyen facile pour le gouvernement de peupler les moins florissantes des colonies françaises et d'y étendre l'industrie et le commerce.

Il manquait une loi dans la législation pénale française pour faire contrepoids à la loi du 27 mai 1885, pour atténuer un peu ses conséquences rigoureuses, quoique justes. Il était humain, en effet, que, tout en édictant des mesures exceptionnelles contre les criminels incorrigibles, on recherchât parallèlement les moyens les plus propres à prévenir la rechute du délinquant après sa première condamnation, de sorte que l'on pût arriver à ce résultat, de n'être obligé d'appliquer la répression suprême de la loi de 1885 que dans le cas où l'irréductibilité du condamné devient notoire.

C'est cette considération qui a fait voter tout récemment par le Parlement français la loi du 26 mars 1891, sur l'atténuation et l'aggravation des peines.

Cette loi est due à l'initiative de M. le sénateur Bérenger, à qui revenait déjà l'honneur d'avoir fait adopter par les deux Chambres un excellent projet sur la libération conditionnelle et la réhabilitation, projet devenu la loi du 14 août 1885.

Le sénateur Bérenger, dans la proposition de la nouvelle loi, s'est inspiré surtout des idées qui le caractérisent comme criminaliste : plein d'humanité pour les égarés, les pécheurs repentants, ceux qui ont été entraînés par leur jeune âge ou leur inexpérience, mais sévère à l'égard des malfaiteurs endurcis, rebelles, qui font métier de braver la loi pénale en la méprisant.

La statistique judiciaire a fourni, en France, dans ces dernières années, des données qui permettent de conclure que le système répressif français, malgré la sévérité parfois exorbitante du Code pénal, malgré la rigueur de la loi de 1885, est complétement inefficace, au point de vue moralisateur. Le fléau de la récidive se développe chaque année davantage au grand péril de la société.

D'après les indications cruellement révélatrices de la statistique, que le Ministre de la justice a soumises, le 3 mars 1891, à l'examen de la Chambre des députés, on arrive aux résultats suivants : En 1885, on compte 89,634 récidivistes; — en 1886, 91,055; — en 1887, 92,204; — en 1888, leur nombre s'élève à plus de 94,000. Sur les 94,137 récidivistes poursuivis en 1888, 82,293 ont été condamnés. Voici comment ils se répartissent : ont été condamnés dans l'année — il faut remarquer ce point — et par le même tribunal : 74,935 une fois, c'est-à-dire pour la seconde fois, 6,585 deux fois, 1,296 trois fois, 331 quatre fois, 98 cinq fois, 30 six fois, 9 sept fois, 4 huit fois, 1 neuf fois, 4 dix fois et plus (*Journal officiel* du 4 mars 1891, p. 495).

En présence de renseignements aussi navrants de vérité, on est obligé de conclure, comme on l'avait déjà fait par le passé, mais sans apporter de remède suffisant à la situation, que la cause qui a triplé depuis cinquante ans le nombre des poursuites criminelles et correctionnelles se trouve dans la récidive.

L'expérience fournie par les statistiques a donc démontré ce fait désolant, que toutes les tentatives faites jusqu'à ce jour pour entraver la marche toujours croissante de ce fléau, le vote de la loi du 27 mai 1885 sur la relégation, celui enfin de la loi du 14 août de la même année relative à la libération conditionnelle et à la réhabilitation, étaient des remèdes insuffisants, des palliatifs, qui n'avaient pas obtenu les résultats qu'on était en droit d'en attendre.

Cette considération donna à penser à plusieurs criminalistes, à la tête desquels se trouvait M. Bérenger, que si les sages mesures prises précédemment n'avaient été, comme nous venons de le dire, que des palliatifs, c'était peut-être parce que les remèdes apportés à la situation ne visaient que le mode d'exécution de la peine. Ils eurent l'idée d'apporter des tempéraments et des aggravations à la répression elle-même.

La proposition Bérenger reposait donc sur les deux idées suivantes : 1° autoriser les tribunaux à user de la plus grande indulgence à l'égard des délinquants primaires ; 2° aggraver la pénalité à l'égard des délinquants de profession.

L'idée d'amender le coupable en faisant preuve à son égard de commisération et d'indulgence n'est pas d'origine tout-à-fait moderne. On en trouve le germe déjà développé dans l'*admonition* de l'ancien droit français. Elle consistait, au témoignage de Merlin, « dans une réprimande que le juge faisait à l'inculpé, en l'avertissant d'être plus circonspect à l'avenir et de ne plus retomber dans la même faute, à peine d'être puni plus sévèrement ».

L'admonition resta en vigueur jusqu'en 1791, mais seulement pour les délits sans gravité. Les abus qu'elle avait fait naître, à raison de son application arbitraire, la firent supprimer dès la promulgation du Code pénal de 1791. (Voir le discours prononcé à l'audience de rentrée de la Cour de Dijon, le 16 octobre 1890, par M. l'avocat général Bernard, p. 18).

En Europe, une tendance bien marquée s'est dessinée depuis quelques années à relever de ses ruines cette vieille institution et à la rétablir sur des bases nouvelles. De nombreux criminalistes français et étrangers ont fait des efforts généreux pour que les Parlements prissent en considération une réforme de nature à produire d'excellents résultats au point de vue social (Voir *La loi du pardon*, par M. Lajoye, avocat à la Cour de Paris, 1882, et l'étude intitulée : « *A propos de la condamnation conditionnelle* », par M. Gautier, professeur à l'Université de Genève, Berne, 1890).

L'Amérique paraît avoir été la première à faire l'application de cette réforme sous la dénomination de « mise en probation ».

Créée à Boston en 1870 en faveur des jeunes délinquants, cette institution s'étend, depuis 1880, dans toute la République et à l'égard des adultes. Le juge, d'après la mise en probation, est autorisé à n'infliger provisoirement aucune peine au prévenu, mais à lui fixer seulement un temps d'épreuve à l'expiration duquel, si sa conduite a été à l'abri de tout reproche, le jugement sera non avenu. On a établi une espèce de *censeur*, le « probation officer », qui est chargé de surveiller, de protéger les délinquants soumis à l'épreuve, de les faire arrêter dans le cas où leur conduite est répréhensible et de les traduire devant le tribunal qui, cette fois, les condamne à subir l'exécution du premier jugement, qui n'était que suspendu à leur égard (Voir Gautier, *op. cit.*, p. 3).

Le Code pénal italien de 1888, dans ses art. 27 et 28, permet au juge, dans certains cas spécifiés, de substituer l'admonition ou réprimande à la peine, mais à titre provisoire et sous caution (Voir rapport de M. Barthou à la Chambre des députés, p. 7).

Déjà, en Angleterre, depuis la loi du 8 août 1886, le tribunal a la faculté de ne prononcer aucune peine à l'égard du délinquant primaire qui n'encourt qu'une peine ne dépassant pas 2 ans de prison et d'imposer au condamné laissé en liberté un certain temps d'épreuve. Si l'épreuve est défavorable au condamné, celui-ci est de nouveau traduit devant le tribunal, qui prononce la peine (Gautier, *op. cit.*, p. 5).

L'admonition, substituée à la répression matérielle, a été adoptée encore en Allemagne, en Russie, en Suisse, en Espagne, en Portugal, avec des différences sur l'âge des délinquants primaires qui en bénéficient, sur leur situation, sur la nature de l'infraction.

En Autriche, le Ministre de la justice a également présenté un projet de loi, le 29 mai 1889, à la Chambre des députés, qui autorise les tribunaux à surseoir à la première condamnation des individus ayant un domicile fixe (Gautier, *op. cit.*, p. 8).

Dans le Congrès tenu à Bruxelles, en août 1889, l'Union internationale de Droit pénal a adopté, sur la proposition d'un savant professeur français, M. Leveillé, un vœu tendant à doter les législations pénales de tous les pays de l'institution de la condamnation conditionnelle (*Bulletin de l'Union internationale*, I, p. 155).

En France, il y avait sept ans, que M. Bérenger avait déposé sa proposition sur le bureau du Sénat. Et la presse, qui, depuis 1884, s'était occupée de ce projet qui sommeillait sur le bureau de la Chambre-Haute, suggéra à la Belgique l'idée de s'emparer des dispositions principales de cette proposition. Aussi, par la loi du 31 mai 1888, cette nation instituait-elle la condamnation conditionnelle (Discours de M. l'avocat général Bernard, p. 24).

La proposition que M. Bérenger avait déposée sur le bureau du Sénat était intitulée : projet de loi « sur l'aggravation progressive des peines en cas de récidive et leur atténuation en cas de premier délit (Imprimés du Sénat, session 1884, n° 159). » Cette proposition fut prise en considération par le Sénat et renvoyée à la Commission d'initiative parlementaire.

Le 12 décembre 1885, une nouvelle proposition de M. Mazeau et de plusieurs de ses collègues, quelque peu différente de la proposition de M. Bérenger, notamment en ce que le tribunal pouvait accorder le pardon pur et simple du prévenu, fut également prise en considération par la Chambre-Haute et renvoyée à la Commission précitée (Sénat, session 1885, n° 45).

D'un autre côté, MM. Reybert, Gagneur et quelques autres députés déposèrent à la Chambre, le 30 mars 1886, une proposition tendant à donner aux tribunaux correctionnels la faculté d'attribuer un caractère suspensif à toutes les condamnations prononcées par eux. C'était une proposition de condamnation conditionnelle générale à l'égard de tout prévenu (Chambre des députés, session de 1888, n° 591).

Enfin, après six ans de somnolence, l'ordre du jour du Sénat appela la discussion de la proposition de M. Bérenger. La série des délibérations commença le 23 mai 1890. Elle fut close le 4 juillet de la même année.

Remarquons que la proposition du sénateur Bérenger fut discutée d'une façon très approfondie, très éloquente, très intéressante, comme il y paraît au *Journal officiel*.

L'ensemble de la loi adoptée par le Sénat fut présenté devant la Chambre des députés, après les grandes vacances parlementaires.

La Commission nommée pour étudier le projet choisit M. Barthou comme rapporteur. Le rapport fut déposé le 6 décembre 1890 (Chambre des députés, session extraordinaire 1890, n° 1067). Il concluait à l'adoption du texte du Sénat avec quelques modifications.

Le projet modifié retourna devant le Sénat le 19 mars 1891. La Haute-Assemblée modifia, à son tour, un point que la Chambre avait voté et renvoya une dernière fois le projet devant la Chambre.

Le rapporteur de la Chambre des députés, considérant que la discussion était bien laborieuse et bien lente, insista à la tribune pour que ses collègues adoptassent en son entier le texte du Sénat. Ce qui eut lieu. La loi était promulguée quelques jours après, le 26 mars 1891.

On a fait au principe de la loi Bérenger un certain nombre d'objections théoriques que nous ne pouvons passer sous silence.

Le sursis à l'exécution, a-t-on dit, dénature absolument la peine, tant au point de vue du châtiment du coupable qu'au point de vue de l'intimidation (Discours précité de M. l'avocat général Bernard).

C'est une erreur au point de vue du châtiment. Nous croyons, au contraire, que le délinquant, au lieu de subir un châtiment momentané, dont on ne saurait nier l'avantage moralisateur dans une certaine mesure, subira un châtiment de tout instant, un châtiment en perspective, comminatoire, si l'on veut, mais un châtiment que sa mauvaise conduite peut attirer sur lui. D'ailleurs, il est du devoir du juge de n'ordonner le sursis que quand il sera justifié par les circonstances de la cause et la situation du condamné.

Mais il est plus difficile de répondre au reproche que l'on fait à la loi en disant que le sursis dénaturera la répression au point de vue de l'exemple. Ce sera à la discrétion et à la prudence des juges de corriger sur ce point ce que la loi peut avoir de défectueux, en ce qu'elle tient plus compte de l'équité que de l'utile. Ils ne devront accorder cette mesure de clémence que dans les cas où la conscience publique ne pourra la trouver choquante et déplacée. « Est-il présumable, a dit M. Barthou, que le juge recoure à ce pouvoir exceptionnel autrement que dans des cas exceptionnels, où la situation du condamné, son passé, son attitude, les faits de la cause imposent l'indulgence à sa conscience et la justifient aux yeux de l'opinion publique (Rapport Barthou, *Journal officiel*, 1890, Chambre, p. 465)? »

On fait une seconde objection : la mesure du sursis, dit-on, est une véritable grâce sous condition suspensive. Or, d'après la Constitution, le droit de grâce est exclusivement réservé au chef de l'État.

— Il ne s'est agi nullement, dans l'espèce, d'accorder aux juges le droit de grâce. Ce droit, qui forme une des attributions du pouvoir exécutif, ne s'étend pas jusqu'à effacer la condamnation et ses conséquences, par exemple, au point de vue de la récidive et du casier judiciaire. La faculté accordée aux tribunaux est un pardon sous condition suspensive, une mesure de clémence *sui generis*, nouvelle dans la législation française.

On a dit également, au sujet de la loi du 26 mars 1891, que son application constante pourrait répandre dans l'opinion publique ce préjugé périlleux que « la première fois ne compte pas », et que l'espérance de l'impunité pourrait bien provoquer à la perpétration d'un premier délit (de l'Angle-Beaumanoir, séance du 3 juin 1890, Sénat).

On a craint aussi que les magistrats n'aient pas l'impartialité et la prudence nécessaires pour accorder le sursis et qu'ils ne soient portés à en faire bénéficier ceux des condamnés qui leur ont été recommandés.

Il convient d'avoir plus haute confiance dans l'impartialité et la sagesse des magistrats français. Il est certain que la loi nouvelle confie à leur juridiction un pouvoir bien étendu, mais le législateur n'a pas entendu leur donner un pouvoir arbitraire. « C'est aux tribunaux, dit M. Brégeault, qu'il appartient de répondre de la façon la plus satisfaisante à ces diverses objections en appliquant la loi nouvelle avec prudence et discernement (*Lois nouvelles, Revue de Législation*, 15 avril 1891). »

Là où le reproche que l'on fait à la nouvelle loi est fondé, c'est quand il se présente les deux situations suivantes : deux condamnés bénéficient en même temps du sursis. L'un continue à vivre dans le méfait; mais, habile à cacher sa conduite, à déguiser ses allures, il n'a encouru aucune nouvelle condamnation dans le délai de cinq ans. L'autre se sera corrigé réellement, il vivra honnêtement, mais la fatalité voudra que dans ce délai il encoure une seconde condamnation correctionnelle ne portant aucune atteinte à son honorabilité, pour homicide par imprudence, par exemple, faute dégagée de toute intention nuisible. Le premier voit tomber sa première condamnation, tandis que le second encourt la peine de la récidive.

Il est incontestable que ce résultat heurte les sentiments d'équité. Mais on a répondu, avec juste raison, que les lois ne sont pas faites pour les exceptions, et que les tribunaux, dans ce cas, s'inspirant d'une idée généreuse et humaine, en présence d'une situation si regrettable, d'une culpabilité le plus souvent purement positive, ne condamneront pour le second fait qu'à une simple amende, ce qui n'entraînera point la qualification de récidiviste (Brégeault, *op. cit.*).

Somme toute, la première partie de la loi de 1891 est d'une bonne législation ; elle répond au sentiment du pays ; elle a donné satisfaction à une attente générale. C'est une loi de grâce en faveur des délinquants primaires, une loi qui, comme on l'a dit très justement, sera appliquée utilement dans tous les cas « où la grâce immédiate pourrait intervenir sans de sérieux inconvénients (Discours de M. Bernard cité ci-devant, p. 27). »

Tous les criminalistes sont unanimes à faire l'éloge du nouveau principe introduit dans la législation française par la loi du 26 mars 1891. « En adoptant ce principe nouveau dans notre système pénal, dit M. Mahoudeau, le législateur est parti de cette idée très juste : il est des fautes premières n'entraînant pas l'application de peines criminelles que la loi ne peut pas ne pas réprimer ; il est des coupables que le juge ne peut acquitter ; une peine doit être prononcée, mais bien souvent ces fautes n'ont été que l'effet d'un accident ; ces coupables, dont le passé est sans tâche, n'ont pas su résister à un entraînement passager ; leur faire subir une peine, c'est peut-être les décourager et les perdre, surtout si cette peine est celle de l'emprisonnement, la prison étant, il ne faut pas le cacher, une école de perdition. Pourquoi ne pas leur fournir le moyen de racheter cette première faute en les obligeant à se bien conduire à l'avenir sous peine de subir la condamnation dont on ne les frappe que sous condition suspensive ? C'est un avertissement qu'on leur donne, avertissement d'autant plus salutaire et efficace qu'il les astreint en quelque sorte à ne pas commettre de nouveau délit, à ne pas récidiver (Dissertation sur la loi du 27 mars 1891, *Journal des Parquets*, 6e année, no 5). »

Nous croyons personnellement que la pratique de la réprimande admise comme l'équivalent d'une peine peut produire d'admirables effets sur les condamnés primaires. Il n'est pas imprudent d'user d'un tel procédé à l'égard des coupables d'une première infraction. Ainsi que l'a dit M. Bérenger dans son premier rapport au Sénat, « l'avertissement n'est-il pas dans la pratique de la vie universellement et efficacement employé par le père de famille, le maître, le patron? N'est-il pas partout le préliminaire indispensable de toute répression raisonnée? Pourquoi la société dédaignerait-elle d'employer à sa propre préservation l'arme qui réussit si bien dans la famille, à l'école, à l'atelier? »

Nous devons dire cependant que l'intention avérée du législateur en votant cette première partie de la loi Bérenger a été méconnue par les magistrats dans l'affaire de la loterie de Bessèges. On sait, en effet, que la Cour d'assises de Nîmes a conféré le bénéfice de la liberté conditionnelle aux condamnés de Bessèges. On eût désiré plus de fermeté et d'esprit juridique dans la sentence prononcée contre eux. Une mesure de clémence, et plus particulièrement celle dont nous nous occupons, ne peut légitimement être appliquée qu'à ces malheureux dont la culpabilité est plutôt une faiblesse d'intelligence, un oubli passager. Ceux dont la culpabilité dénote une perversité raisonnée, ceux qui ont atteint l'âge de l'expérience, ne doivent en profiter que dans des circonstances rigoureusement exceptionnelles.

Ajoutons que, parmi les condamnés de Bessèges, l'un comptait dans son dossier un emprisonnement pour faux. Aussi, faut-il le dire, l'opinion publique a été vivement surprise d'une pareille faiblesse de la part des magistrats, et la région de Bessèges, où tant d'honnêtes travailleurs ont été spoliés par les condamnés, a éprouvé une véritable indignation en présence d'une indulgence injustifiée.

La seconde partie de la loi Bérenger, c'est-à-dire celle relative à l'aggravation des peines en cas de récidive, ne demande pas de longues explications au point de vue de ses idées générales. Elle a été inspirée à M. Bérenger par un système anglais, inauguré en 1871 dans le comté de Gloucester, qui consiste à appliquer aux récidives successives du même délit des peines de plus en plus rigoureuses.

Le vœu émis par le Congrès international de Stockholm en 1878 et tendant à entraver le mal de la récidive par « l'emploi moins fréquent des peines de courte durée contre les délinquants d'habitude », fut aussi d'une certaine influence sur la proposition Bérenger (Exposé des motifs de M. Bérenger, p. 7).

Seulement il y a lieu de remarquer que ce n'est point la proposition primitive, telle que l'avait conçue M. Bérenger, telle que la lui avaient inspirée les dispositions précitées, qui a été votée. La première proposition a subi des transformations profondes et au détriment même de son but originaire, qui était de fortifier la répression à l'égard des récidivistes dangereux. Ainsi, par exemple, la proposition primitive contenait une modification importante au paragraphe 9 de l'art. 463 du Code pénal en restreignant dans une mesure très marquée, en supprimant même, dans certains cas, pour le récidiviste irréductible le bénéfice des circonstances atténuantes. Le texte définitif ne contient rien de semblable et laisse subsister en entier, comme par le passé, le système des circonstances atténuantes.

Le Parlement français a été critiqué pour avoir *spécialisé* sans réserve la récidive dans certains cas et pour l'avoir circonscrite, quant aux délits, dans le court délai de cinq ans après la première condamnation. « Il y a là, dit excellemment M. Brégeault (*op. cit.*), une déviation fâcheuse de la pensée qui avait inspiré l'auteur de la proposition. .....Nous ne pouvons que regretter de voir un récidiviste, même criminel, assimilé au bout de quelques années à un délinquant primaire, et déplorer la faculté laissée aux malfaiteurs d'échapper aux peines de la récidive à la seule condition de commettre un délit différent, fût-il plus grave, de celui qui les avait amenés antérieurement devant la police correctionnelle ! »

M. Bérenger lui-même reconnaissait les inconvénients de cette disposition, quand il disait que ce laps de cinq ans était « une sorte d'amnistie quinquennale au profit du criminel assez habile pour cacher pendant plusieurs années sa perversité ou assez prudent pour ne s'exposer que périodiquement à la rigueur des lois (Exposé des motifs, p. 8). »

Toutefois on ne saurait blâmer le législateur français d'avoir modifié les art. 57 et 58, C. P., en prescrivant la récidive. On sait que d'après les textes du Code pénal, l'influence de la récidive est perpétuelle et que, quelque long que fût le temps écoulé entre la première condamnation et le second délit, l'individu qui le commettait était puni des peines édictées pour la récidive.

Avec la loi de 1891, la récidive de crime à délit et celle de délit à délit cessent d'avoir leur effet à l'expiration du délai de cinq ans après que le délinquant aura subi ou prescrit sa première peine.

Il n'est pas inutile de remarquer que le texte primitif de la proposition Bérenger ne dérogeait nullement sur ce point aux vieilles règles du Code pénal. C'est à la Commission du Sénat que l'on doit d'avoir proposé cette prescription de la récidive, en matière de récidive de crime à délit et de récidive de délit à délit. « Les éléments constitutifs de la récidive, dit le rapporteur, aggravation de la perversité et, par suite, du danger social, mépris et inefficacité de l'avertissement reçu, ne se rencontrent véritablement que dans la répétition à court terme des actes coupables (1er rapport Bérenger, p. 72). »

Il convient d'observer que la loi du 26 mars 1891 ne touche en rien au système du Code pénal relativement à la récidive de crime à crime.

Bien que nous estimions que le délai de cinq ans soit trop court et que le législateur français aurait mieux fait d'établir une prescription extinctive plus longue, afin de prévenir les abus, nous applaudissons cependant au nouveau principe établi par la loi de 1891. Nous pensons que la culpabilité spéciale de l'agent qui enfreint la loi pénale augmente à mesure que le même agent commet des délits à des intervalles plus rapprochés. Les lois criminelles doivent tenir compte de ce fait. « La récidive, comme le dit très justement M. Garraud, ne saurait être un état permanent. Car si, d'un côté, l'impression de la première condamnation diminue et s'efface avec le temps, d'un autre côté, il n'est pas exact de dire que l'avertis-

3

sement de la justice soit resté sans effet, puisque, pendant cette période plus ou moins longue de sa vie, le condamné n'a pas commis de nouvelle infraction. De sorte que, lorsqu'un certain temps s'est écoulé, sans rechute, depuis la première condamnation, il est impossible d'affirmer qu'il y ait eu, de la part de l'agent, cette persistance dans le crime et cette inefficacité de la répression ordinaire, qui motivent l'emploi de mesures exceptionnelles (Garraud, *Droit criminel*, t. II, n° 181, a). »

L'ancienne jurisprudence criminelle avait pris en considération l'intervalle qui séparait le nouveau délit de la première condamnation. Elle établissait une prescription de trois ans pour la récidive. Après l'expiration de ce court délai, l'aggravation de la peine ne se produisait plus. « Si delinquens, dit Farinacius, per « dictum tempus bene et laudabiliter vixerit, cessat præsumptio « quod semel malus, iterum præsumitur malus (*Quæstio* 23, n° 30). »

La loi du 27 frimaire an VIII reproduit cette ancienne règle dans son art. 15, qui est ainsi conçu : « Il y aura récidive quand un délit aura été commis par le condamné dans les trois années à compter du jour de l'expiration de la peine qu'il aura subie. »

Plusieurs législations criminelles étrangères admettent que la récidive cesse d'entraîner une aggravation de peine toutes les fois qu'il s'est écoulé un certain laps de temps entre l'époque où la première condamnation a été subie ou remise et l'époque où la seconde infraction à la loi pénale a été perpétrée. Il en est ainsi, notamment, dans le Code pénal allemand, paragraphe 245; dans le Code pénal militaire allemand, paragraphe 13; dans le Code pénal des Pays-Bas, paragraphes 421-423. Les divers projets de Code pénal italien décident également que la récidive cesse d'avoir son effet, quand il s'est écoulé un certain temps depuis la précédente condamnation. Ce délai est, en général, celui qui est fixé pour la prescription de la peine. Dans le Code pénal belge, la prescription de la récidive est de cinq ans, mais seulement quand la première infraction n'a été punie que d'une peine correctionnelle.

On a reproché à la loi du 26 mars 1891 d'avoir spécialisé la récidive dans certains cas.

D'abord, que faut-il entendre par récidive *générale* et par récidive *spéciale?*

La récidive générale existe par le seul fait qu'une infraction quelconque est commise après une première condamnation prononcée pour un fait délictueux quelconque.

La récidive spéciale existe par le fait qu'une infraction est commise après une condamnation prononcée pour une condamnation identique ou similaire.

La question de savoir si le système de la récidive doit être général ou spécial agite depuis de longs siècles les criminalistes.

La récidive générale est fondée sur cette observation très exacte, que l'habitude immorale du délinquant doit se mesurer à la persistance avec laquelle il enfreint un commandement quelconque de la loi pénale. De là la qualification de récidive *absolue* que lui donne Bonneville de Marsangy, dans son *Traité de la récidive* (t. I, p. 173).

Qu'importe l'identité ou l'analogie des deux infractions, si, quoiqu'elles soient de nature différente, elles présentent un caractère de gravité reconnue? N'est-il pas sous nos yeux chaque jour que celui qui a commis un vol est tout prêt à commettre un faux, un meurtre, et même un assassinat, enfin un de ces crimes et délits de droit commun, qui, selon l'expression de M. Garraud, « se mêlent, se succèdent dans la vie d'un criminel et forment ainsi la trame même de son existence (Garraud, *op. cit.*, t. II, n° 181). »

L'habitude criminelle ne repose pas sur l'analogie qui existe entre les divers crimes ou délits, mais dans l'obstination à enfreindre la loi répressive. « La société, observe très judicieusement M. Garraud, laisserait échapper les malfaiteurs les plus dangereux, ceux qui passent, sans scrupules, des actes de violences contre les personnes, aux appropriations coupables du bien d'autrui, si elle n'élargissait pas son système de récidive, de manière à y faire rentrer toutes les condamnations prononcées pour crimes ou délits de droit commun (Garraud, *loco citato; sic*, Bertauld, *Droit pénal*, 19e leçon). »

Toutes les législations anciennes qui ont accepté l'idée d'une aggravation de peine contre le récidiviste ont prévu seulement la récidive spéciale. M. Ortolan, l'un des plus chauds partisans du système de la récidive générale, a dit que le système de la récidive spéciale était « l'enfance de la pénalité (*Éléments de droit criminel*, t. I, n° 1197, p. 570). »

Dans le Droit romain, pour qu'il y eût récidive, et, par suite, aggravation de peine, il était nécessaire qu'il y eût rechute dans le même crime ou délit, « *in iisdem sceleribus* » (Voir les textes romains cités par Ortolan, t. I, nos 1205 et 1206, p. 573, note 1).

Les anciens criminalistes français acceptèrent la théorie romaine et ne se préoccupèrent également que de l'identité d'infraction. La règle suivante du Droit romain fut reproduite et commentée par les jurisconsultes de l'ancien droit français : « Con-« suetudinis delinquendi præsumptio tantum in eodem vel simili « genere mali (Jousse, t. II, p. 601, nos 187 et suiv., 190 et 191 ; Muyart de Vouglans, p. 24, § 2, nos 1 et 3). »

La législation de la Constituante établit une distinction, relativement au caractère de généralité ou de spécialité qu'il convenait de donner à la récidive.

S'agissait-il de délits de police municipale ou de police correctionnelle : le Code de 1791 se contentait de prévoir la récidive spéciale ; il aggravait la peine pour la rechute dans le même délit ou dans un délit du même genre.

S'agissait-il de délits punis de peines afflictives et infamantes, le Code de 1791 adoptait le système de la récidive générale.

Le Code pénal de 1810 s'est attaché uniquement au système de la récidive générale. Les rédacteurs ont pensé que les peines de la récidive devaient s'appliquer alors même qu'il n'y aurait pas identité d'infraction, parce qu'il résulte de cette rechute un péril social plus grand et une perversité plus grande chez l'agent.

Bien que le Code pénal de 1810 ait été inspiré par une idée très raisonnable et très juste, son exemple n'a pas entraîné sur ses traces les autres législations de l'Europe. La doctrine des éminents jurisconsultes, Chauveau et Faustin Hélie (*Théorie du Code pénal*, t. I, n° 131), qui préconisent le système de la récidive spéciale, a prévalu de nos jours dans la plupart des Codes criminels européens.

Parmi les principales législations de l'Europe qui ont adopté le système de la récidive spéciale, nous citerons la Russie, l'Autriche, l'Allemagne, le Portugal. (Voir Yvernès, *De la récidive et du régime pénitentiaire en Europe.*)

La loi du 26 mars 1891 a donné raison, dans une certaine mesure, à cette tendance qui prévaut, dans l'organisation de la récidive, a rechercher l'identité ou, tout au moins, l'analogie des délits. Elle a apporté en cela une modification aux vieilles théories du Code pénal. Cette modification est une des innovations les plus remarquables et en même temps peut-être des plus critiquées et des plus critiquables de la nouvelle loi. La loi Bérenger, dans son art. 5 modifiant les art. 57 et 58 du Code pénal, s'est ralliée, pour l'art. 58 seulement, qui prévoit la récidive de délit à délit, au système de la spécialité. Il faut désormais, pour qu'il y ait récidive, en matière de délit, qu'il y ait soit réitération du même délit, du vol après le vol, par exemple, soit la rechute d'un délit du même genre dans un délit du même genre, dérivant des mêmes mauvais instincts : ainsi, la loi de 1891 assimile le vol, l'escroquerie et l'abus de confiance, d'une part, le vagabondage et la mendicité, d'autre part.

Cette énumération est limitative : toute autre assimilation serait nulle.

Nous reviendrons sur ce sujet, lorsque nous étudierons la loi du 26 mars dans ses détails. Qu'il nous suffise de donner pour le moment des idées générales sur cette loi.

La loi du 26 mars 1891 est venue faire disparaître un manque d'harmonie qui existait entre la loi du 27 mai 1885, sur la relégation, et le Code pénal.

Avant la loi de 1891, on pouvait être récidiviste d'après la loi sur la relégation sans l'être d'après le Code pénal. Il en était ainsi pour l'individu ayant subi trois condamnations à plus de trois mois d'emprisonnement pour vol qui était frappé d'un an de la même peine pour le même délit. Le Code pénal n'admettait pas de récidive dans ce cas, quand aucune des condamnations antérieures n'était supérieure à une année d'emprisonnement. L'art. 5 de la loi du 26 mars 1891, qui a modifié les art. 57 et 58, a fait disparaître cette anomalie de la législation pénale française.

Quoiqu'il en soit, cette loi du 26 mars 1891 donne satisfaction à un vœu général des criminalistes et de l'opinion publique. Aura-t-elle des résultats efficaces, appréciables? L'avenir seul pourra nous l'apprendre par l'organe infaillible de la statistique.

Il convient de remarquer que le système de cette loi, qui est appliquée en Belgique depuis le mois de mai 1888, y a déjà fait ses preuves et donné même d'excellents résultats. Dans la période qui s'est écoulée depuis le 10 juin 1888 jusqu'au 31 décembre 1889, sur 284,279 condamnés soit par les tribunaux correctionnels, soit par ceux de simple police, 13,195 ont bénéficié de la décision de sursis, et 246 sursis seulement ont dû être révoqués (statistique présentée à la Chambre des représentants, séance du 17 mai 1890). Pendant la même période, on a constaté qu'à Bruxelles et Anvers, 2,273 condamnés ont bénéficié de la loi, soit 14 p. 0/0 du chiffre des condamnations prononcées et que 60 révocations seulement ont eu lieu, c'est-à-dire un peu plus de 2 p. 0/0 (Discours Bérenger, Sénat, séance du 23 mai 1890, *Journal officiel* du 24 mai, p. 491).

On le voit, les résultats sont assez expressifs. Ils parlent d'eux-mêmes. C'est une épreuve assez satisfaisante pour justifier le vote de cette première partie de la loi du 26 mars 1891, dont les motifs, résumés plus haut, suffisent à montrer le but et l'opportunité.

Il n'y a pas de raison pour qu'en France les mêmes résultats qu'en Belgique ne s'accomplissent pas. Il est certain que ce qui y contribuera beaucoup, c'est l'application qu'en devront faire, selon l'exigence des cas, bienveillante ou ferme, mais toujours prudente, les magistrats auxquels le législateur confie une sorte de juridiction qui a pour bases la clémence et l'humanité. Puisse cette loi produire d'autant plus de résultats heureux qu'elle est née d'idées plus humaines et plus françaises! Puisse-t-elle, par la régénération des égarés et l'intimidation des malfaiteurs, devenir entre les mains de la société une de ses plus puissantes armes, pour lui assurer le respect et la sécurité!

Entrant maintenant dans les détails de la loi du 26 mars 1891, nous en examinerons successivement les deux parties : celle relative à l'atténuation et celle relative à l'aggravation des peines.

I. — *De l'atténuation des peines, ou de la condamnation conditionnelle.*

L'art. 1er de la loi du 26 mars 1891 décide, qu'en cas de condamnation à l'emprisonnement ou à l'amende, si l'inculpé n'a pas subi de condamnation antérieure à la prison pour crime ou délit de droit commun, les cours et les tribunaux peuvent ordonner, par le même jugement et par décision motivée, qu'il sera sursis à l'exécution de la peine.

Si, ajoute l'article, pendant le délai de cinq ans, à dater du jugement ou de l'arrêt, le condamné n'a encouru aucune poursuite suivie de condamnation à l'emprisonnement ou à une peine plus grave pour crime ou délit de droit commun, la condamnation sera comme non avenue. Dans le cas contraire, la première peine sera d'abord exécutée sans qu'elle puisse se confondre avec la seconde.

Comme nous l'avons fait remarquer, cette institution nouvelle a un caractère de faveur pour une certaine catégorie de délinquants primaires. Elle réalise, comme nous l'avons dit précédemment, un des moyens imaginés par le législateur pour entraver le flot toujours plus considérable des récidives. Parmi les principales considérations qui ont fait entrer le législateur dans cette voie de clémence pour les délinquants primaires, il en est quelques-unes que nous devons rappeler. D'une part, une première faute dénote le plus souvent bien peu de perversité morale chez son auteur; d'autre part, la peine de l'emprisonnement, quand elle frappe un délinquant primaire, et quand elle le frappe trop rigoureusement, ne devient que trop souvent pour lui une cause de démoralisation au lieu d'être un moyen de correction. On peut ajouter que le système pénitentiaire français est loin d'être parfait, et qu'il ne réalise point le desideratum du législateur. Au lieu d'être une école d'éducation et d'amendement, la maison de correction n'est la plupart du temps que l'école du vice et du crime.

La loi nouvelle ne crée point un droit au profit de certains condamnés, elle accorde au juge une pure faculté d'ordonner ou non le sursis. Le devoir du juge consiste à examiner scrupuleusement si le condamné est digne d'intérêt et s'il mérite cette faveur. Dans ce but, il ne devra envisager ni la nature du fait délictueux, ni sa gravité, ni la peine qu'il prononcera. Le condamné peut bénéficier du sursis, quel que soit le quantum de la peine prononcée. Après avoir infligé au prévenu la peine que mérite le délit, le juge devra apprécier s'il y a lieu à l'application du sursis : pour cela, il doit tenir compte seulement de la moralité du prévenu, de ses antécédents, des renseignements fournis sur lui et surtout des circonstances au milieu desquelles il aura été conduit à commettre le délit. En un mot, comme on l'a très bien dit, le juge devra, dans l'espèce, « faire office de juré, ne se décidant que d'après les mobiles de l'infraction et le degré de perversité de l'agent (Mahoudeau, *Journal des Parquets*, p. 80). » C'est d'ailleurs, ce qu'exprimait excellemment M. Bérenger dans son premier rapport au Sénat (p. 13) en disant : « L'esprit de la proposition n'est pas d'établir une distinction entre les fautes graves et les fautes légères..... Il ne s'agit plus d'examiner le dégré de gravité de la faute; cette appréciation a dû être faite pour l'application de la peine, mais de mesurer l'état moral du condamné et le degré de garantie que cet état suppose. » Cette manière de comprendre le rôle du juge, au point de vue de l'application du sursis, est la conséquence forcée du but poursuivi par le législateur, qui est de prévenir la récidive en évitant à celui qui en paraît digne une première flétrissure, peut-être irréparable.

Le rôle des tribunaux est donc en cette matière très délicat, et les résultats que cette loi, très bonne en elle-même, pourra donner sont en raison directe de la façon dont les juges l'appliqueront.

Quelles sont les peines auxquelles peut s'appliquer la décision du sursis? Il n'y en a que deux : l'emprisonnement et l'amende. Le sursis n'est donc pas possible pour une peine criminelle.

Il n'y a pas lieu de rechercher pour quel genre d'infraction est prononcé l'emprisonnement lorsqu'on veut faire bénéficier le condamné de la suspension de la peine. La loi subordonne la faculté d'accorder le sursis à la nature de la peine prononcée et non à celle de l'infraction.

Le tribunal est donc autorisé à accorder le sursis toutes les fois qu'il prononce la peine de l'emprisonnement. Nous parlerons tout-à-l'heure de l'amende. Peu importe la nature du délit passible de l'emprisonnement; peu importe que le délit soit prévu par le

Code pénal ou par une loi spéciale. Les délits de chasse et de pêche peuvent parfaitement faire l'objet d'un sursis à l'exécution de la peine (Tribunal correctionnel de Rouen, 21 avril 1891). De même pour l'enlèvement de mineur (Tribunal d'Apt, 4 février 1892).

Lorsque le délit est prévu par une loi spéciale, on sait que la disposition de l'art. 463 du Code pénal, relative aux circonstances atténuantes, ne s'applique pas, à moins d'une volonté expresse du législateur manifestée dans ladite loi spéciale. Dans les cas où la loi spéciale n'admet pas les circonstances atténuantes, l'institution du sursis sera un moyen de les remplacer avantageusement.

Le juge n'a pas à se préoccuper, non plus, de la durée de l'emprisonnement, avant de prononcer la suspension de la peine.

La loi belge, que le législateur français a imitée sur beaucoup de points, limite le pouvoir du juge au cas où il prononce une peine d'emprisonnement de six mois ou au-dessous. Pour un emprisonnement qui excède six mois, la suspension ne peut pas être prononcée.

La loi française s'est montrée plus libérale à l'égard des prévenus, puisqu'elle permet au juge de prononcer la suspension de peine, quelle que soit la durée de la peine d'emprisonnement, fût-elle de cinq ans. La loi française est préférable sur ce point à la loi belge.

Bien que la loi du 26 mars ne prévoie point le cas d'une contravention de simple police, il n'y a pas de raison pour refuser au juge de paix la faculté de surseoir à l'exécution de la peine qu'il a prononcée. Le sursis s'attache, comme l'a dit M. Bérenger, à la nature de la peine, non à la juridiction saisie (*Sic*, Brégeault, *Revue de législation*, 15 avril 1891 ; voir premier rapport du sénateur Bérenger, p. 4).

On s'est demandé s'il fallait assimiler à l'emprisonnement l'envoi en correction des mineurs de seize ans, acquittés ou condamnés par application des art. 66, 67 et 68 du Code pénal.

Il faut, je crois, sur ce point, établir une distinction.

Si le mineur est déclaré coupable comme ayant agi avec discernement, son envoi dans une maison de correction est une peine :

rien ne fait obstacle, dans ce premier cas, à ce que le tribunal accorde le sursis.

Si le mineur est acquitté comme ayant agi sans discernement, il est également envoyé dans une maison de correction; mais cet envoi en correction n'est pas une peine, c'est une simple mesure administrative. Le sursis n'est donc pas applicable dans ce cas (*Revue de législation*, étude de M. Laborde sur la loi Bérenger, p. 404).

M. Brégeault n'admet pas cette opinion. Pour lui, l'envoi en correction dont il s'agit ne doit jamais être assimilé à l'emprisonnement, parce qu'il affecte toujours, d'après lui, le caractère d'une mesure d'éducation. « Dans le cas de l'art. 66, dit-il, le mineur ayant agi sans discernement, l'envoi en correction n'est pas une peine, mais une mesure prise le plus souvent, surtout depuis quelques années, dans l'intérêt même de l'enfant. Les art. 67 et 68 font bien de la détention correctionnelle une peine, mais, d'une part, elle est substituée à des peines criminelles, et d'autre part, même dans ce cas, l'envoi en correction affecte encore le caractère d'une mesure d'éducation (*Lois nouvelles*, p. 317 et 318). »

Cette manière de voir est erronée sur un point. Il n'y a, en effet, qu'à lire l'art. 67 pour voir clairement que ce texte prononce une condamnation à l'emprisonnement et ne prescrit pas seulement une simple mesure d'éducation : « condamné à..... d'emprisonnement dans une maison de correction ».

La loi ajoute que le tribunal peut également accorder la faveur du sursis pour une condamnation à l'amende. Le texte primitif ne s'était en aucune façon préoccupé des condamnations à l'amende.

L'amende consiste à payer une certaine somme au trésor public. En décidant que le tribunal pourra surseoir à l'exécution de l'amende, la loi du 26 mars a dépassé son but, qui était seulement de soustraire les condamnés primaires à la flétrissure de la peine corporelle et au contact malsain des criminels.

C'est au sénateur Trarieux qu'est dûe l'application du sursis aux condamnations à l'amende. D'après lui, un individu condamné à l'amende ne devait pas être moins favorablement traité qu'un individu condamné à l'emprisonnement.

Malgré les efforts du rapporteur, l'amendement Trarieux fut pris en considération par-le Sénat.

Cette disposition a des conséquences absolument regrettables pour le trésor. Chaque sursis se traduira par une perte pour celui-ci.

Comme le fit remarquer le rapporteur, l'amende ne produit aucun des effets funestes de la prison. La suspension équivaut à la radiation immédiate de la condamnation. D'ailleurs, il est un principe dont on n'a pas tenu compte, principe important en matière d'administration financière, c'est que l'amende, une fois prononcée, appartient au trésor, qui seul peut en faire remise, sans que le tribunal ait qualité pour dispenser le condamné du paiement de cette amende. Le Parlement a fait fi de ce principe.

Le sursis peut être prononcé pour les condamnations à l'amende prévues par le Code pénal, soit en matière correctionnelle, soit en matière de contravention de police.

Mais le sursis peut-il être prononcé pour les condamnations aux amendes fiscales infligées par les tribunaux correctionnels?

J'estime qu'il y a lieu de décider que le tribunal correctionnel a qualité pour prononcer le sursis même dans ce cas. L'amende fiscale a un double caractère, pénal et civil à la fois; mais le caractère de réparation pénale est prépondérant. D'ailleurs, la loi du 30 mars 1888 a reconnu le caractère de peine à ces amendes en admettant pour certaines d'entre elles, celles relatives aux contributions indirectes, l'application des circonstances atténuantes.

La suspension de la peine ou le principe de la condamnation conditionnelle ne s'applique qu'à l'emprisonnement et à l'amende. Si donc l'infraction entraîne des peines accessoires, telle que l'incapacité électorale, le tribunal ne pourra surseoir à l'exécution de ces peines. Ces incapacités sont attachées à la condamnation, non à la peine, à tel point que la grâce ne les fait pas disparaître. Les tribunaux, d'ailleurs, ne doivent point laisser l'exercice des droits politiques à des gens qui sont indignes de les pratiquer.

Aux termes de l'art. 2 de la loi du 26 mars, le sursis ne comprend pas, non plus, les frais de justice ni les dommages et intérêts, parce que les frais de justice et les dommages et intérêts ont le caractère d'une réparation civile.

Le même texte est muet sur les voies de recouvrement. La contrainte par corps peut-elle faire l'objet d'un sursis? La contrainte par corps a une grande analogie avec l'emprisonnement. Le caractère pénal prédomine dans cette voie de recouvrement. Je crois donc que le tribunal correctionnel a qualité pour en suspendre l'exercice par un sursis, tout aussi bien qu'il peut surseoir à l'emprisonnement. Il y a dans l'espèce la même raison de décider.

MM. Brégeault et Laborde ne partagent pas cette manière de voir. Ils estiment, au contraire, que, dans la contrainte par corps, c'est le caractère civil qui est prépondérant, et que le tribunal est sans qualité pour surseoir à son exécution (Laborde, *Lois nouvelles*, p. 414; Brégeault, *Revue de législation*, *op. cit.*, p. 325).

A quelles personnes le tribunal peut-il accorder le sursis? Une condition indispensable pour que la suspension puisse être accordée, c'est que le condamné n'ait pas subi de condamnation antérieure à la prison pour crime ou délit de droit commun.

C'est la première faute que le législateur a voulu pardonner, en faisant bénéficier son auteur de la suspension de la peine. L'atténuation, tendant à cet unique but, n'avait plus de raison d'être pour un coupable qui est déjà récidiviste.

M. Reybert avait déposé en 1886 sur le bureau de la Chambre des députés une proposition qui accordait au juge la faculté de suspendre l'exécution de la peine dans tous les cas, même lorsque le condamné avait déjà subi plusieurs condamnations antérieures.

Le Parlement français a repoussé un système aussi illogique que dangereux pour la société. « L'opinion publique, fit remarquer à ce propos M. Bérenger, s'alarmerait avec raison de voir échapper à toute répression effective l'homme qui déjà a bravé la loi et qu'un premier châtiment n'a pas suffi à préserver des rechutes (Rapport Bérenger, p. 11). »

Pour qu'une condamnation antérieure puisse donc mettre obstacle à l'atténuation de la peine, il faut qu'elle ait été à l'emprisonnement pour crime ou délit de droit commun, en un mot, pour un fait d'une certaine gravité. Ainsi, les condamnations, même corporelles, pour contravention de police, ne font pas obstacle à la décision du sursis. De même, une condamnation à l'amende, fût-elle pour délit, n'empêche point le condamné de bénéficier de la faveur du sursis.

La loi belge de 1888, dans son art. 9, exclut la possibilité de la suspension de la peine en cas de condamnation antérieure, même à l'amende seulement.

La loi du 26 mars ne parle que de condamnation antérieure à la prison. Il va sans dire que si la condamnation antérieure était une condamnation à une peine supérieure à celle de la prison, *à fortiori* on ne pourrait pas accorder le bénéfice de la loi nouvelle. La pensée du législateur a été qu'il fallait au moins une condamnation antérieure à l'emprisonnement pour être privé du bénéfice de la loi nouvelle.

D'après M. Brégeault (*loco citato*, p. 319), la condamnation d'un mineur de 16 ans fait obstacle au sursis. Cette opinion me paraît fondée en droit. La détention par voie correctionnelle est une véritable peine. Le mineur, dans ce cas, a été déclaré coupable comme ayant agi avec discernement. La détention prononcée contre lui est donc une peine, peine qui doit être subie, à cause de l'âge du condamné, dans des conditions particulières, mais qui n'en constitue pas moins une peine d'emprisonnement, ainsi que cela résulte des termes formels de l'art. 67.

Mais il n'en serait pas de même de l'envoi en correction d'un mineur de 16 ans, par application de l'art. 66 du Code pénal. Cette mesure, prononcée en vertu de l'art. 66 du Code pénal, ne doit pas être envisagée comme une peine d'emprisonnement appliquée au mineur, mais comme une simple mesure d'éducation.

S'il ne faut qu'une seule condamnation à la prison antérieurement prononcée pour que le bénéfice de la loi du 26 mars ne puisse être accordé à un délinquant, il est nécessaire, toutefois aux termes du premier paragraphe de l'art. 1er, que cette condamnation, soit à une peine d'emprisonnement, soit à une peine criminelle, ait eu pour cause « un crime ou délit du droit commun ».

Que faut-il entendre par ces mots : crime ou délit de droit commun ? Ces expressions doivent être entendues *secundum subjectam materiam*. Nous croyons que ces mots sont opposés, dans l'espèce, à crimes et délits politiques.

Ni dans les rapports présentés aux Chambres, ni dans les discussions auxquelles le projet a donné lieu devant ces assemblées, il n'a été un moment question de la signification de ces mots.

Il est à présumer que le législateur a voulu exclure du bénéfice du sursis les condamnations antérieures pour crime ou délit de droit commun, par opposition aux crimes ou délits politiques. Ainsi un individu, condamné antérieurement pour crime ou délit politique, pourra, nonobstant cette condamnation, bénéficier du sursis (*Sic*, Brégeault, *Lois nouvelles*, p. 319).

Tous crimes passibles de peines politiques, telles que le bannissement, la détention, se trouvent donc en dehors des prévisions du législateur, et les condamnations auxquelles ils auront donné lieu n'empêcheront pas la suspension d'une condamnation postérieure, encore que ce soit une peine d'emprisonnement qui ait été prononcée, pour punir ces crimes, par application de l'art. 463.

Mais une condamnation pour crime ou délit prévu par une loi spéciale empêche-t-elle le prévenu d'obtenir la suspension de la peine nouvelle ?

M. Laborde pense qu'une condamnation pour crime ou délit prévu par une loi spéciale ne fait pas obstacle au bénéfice du sursis (*Lois nouvelles,* p. 403).

Je ne partage point cette opinion. Les crimes et délits prévus, en dehors du Code pénal, par des lois spéciales et particulières, peuvent présenter un caractère de gravité et de perversité tel qu'il ne permet pas d'accorder le bénéfice du sursis au condamné : je n'en veux d'autre exemple que le délit d'espionnage. Une condamnation antérieure pour ces sortes de délit doit donc faire obstacle au bénéfice du sursis.

On s'est demandé s'il fallait assimiler aux délits politiques et considérer comme étant en dehors des crimes et délits de droit commun les crimes et délits de presse prévus par la loi du 27 juillet 1881.

Avant la loi de 1881, les crimes et délits de presse étaient considérés comme des délits politiques (Voir Chauveau et Faustin Hélie, *op. cit.*, t. I, p. 326).

Depuis la loi de 1881, sur la liberté de la presse, il n'en est plus de même. Les délits de presse proprement dits ont disparu avec la promulgation de la nouvelle loi, qui ne réprime plus que les crimes et délits de droit commun commis par la voie de la presse. C'est ce qui résulte notamment d'une façon très nette et certaine du rapport de M. Lisbonne à la Chambre des députés : « Nous avons dit : plus de délit d'opinion, de doctrine, de tendance. Les actes seuls seront désormais réprimés, ceux que le droit commun réprouve et condamne. » Il est inutile d'insister pour montrer que les crimes et délits de la loi de 1881 ne sont pas des crimes et délits politiques et qu'ils devront être compris parmi les crimes et délits de droit commun visés par l'art. 1er de la loi du 27 mars 1881. Une condamnation à l'emprisonnement pour délit de presse suffira pour mettre obstacle à la suspension d'une seconde condamnation.

Enfin, par ces mots crimes et délits de droit commun, le législateur a voulu aussi, croyons-nous, que le tribunal, avant de statuer sur le sursis, ne tînt pas compte des condamnations antérieures prononcées par les tribunaux militaires ou maritimes.

Mais nous n'entendons pas dire par là que ce sont toutes les condamnations antérieures pour crimes ou délits prononcées par les tribunaux militaires ou maritimes qui seront exclues par les termes de la loi ; ce seront seulement les crimes ou délits d'ordre purement militaire, prévus par les Codes de justice militaire. S'il s'agit d'un vol, délit de droit commun, déféré aux tribunaux militaires à cause de la qualité de l'auteur, la condamnation prononcée antérieurement pour ce vol, délit de droit commun, mettra obstacle à l'obtention du sursis, en cas de condamnation postérieure.

La faveur de la suspension de la peine peut être accordée aussi bien à un étranger qu'à un Français. La loi n'admet aucune distinction sur ce point. Elle a été édictée autant pour protéger l'étranger que les nationaux contre le danger de l'emprisonnement et les rechutes successives. C'est une loi de sauvegarde pour les individus et, par ricochet, pour la société elle-même.

Quelle est la juridiction qui peut prononcer le sursis? « Les Cours ou tribunaux », dit l'art. 1er.

Il n'y a aucune difficulté en ce qui concerne les tribunaux de police correctionnelle et les Cours d'appel statuant sur appel des jugements de ces tribunaux, ou en première instance à l'égard de certains fonctionnaires (art. 479 et suiv. du Code d'instruction criminelle).

Il résulte des travaux préparatoires que l'art. 1er est applicable aux Cours d'assises, lorsqu'elles ne prononcent qu'une peine d'emprisonnement. Je prends une espèce qui se présente très souvent dans la pratique : un individu est poursuivi en Cour d'assises pour vol qualifié. Mais le jury, tout en le déclarant coupable, écarte les circonstances aggravantes. La peine encourue sera celle de l'emprisonnement. De même dans le cas où, bien que le fait reste crime, le coupable est, par suite de l'admission des circonstances atténuantes, puni d'une peine d'emprisonnement. Ainsi encore pour les cas de provocation et d'excuse, qui font dégénérer le crime en délit et entraînent seulement une peine d'emprisonnement. La loi du 26 mars ne considère pas l'infraction, mais la nature de la peine appliquée. Peu importe, dès lors, la qualification du fait punissable.

Il est même bon de remarquer que, dans la pensée de ses auteurs, la loi du 26 mars sera peut-être un moyen d'éviter à l'avenir des verdicts d'acquittement résultant d'une indulgence excessive du jury. « Le jury, dit M. Barthou dans son rapport (p. 14), ne sera-t-il pas plus enclin à reconnaître par un verdict formel une culpabilité certaine, lorsque sa réponse affirmative ne condamnera pas fatalement un homme dont la vie, jusque-là irréprochable, s'est compromise dans une minute d'égarement, à la flétrissure de la prison et aux révélations déshonorantes du casier judiciaire. »

Voilà pour les tribunaux correctionnels et les Cours d'assises. Mais l'art. 1er vise-t-il aussi les condamnations à l'amende ou à l'emprisonnement prononcées par les tribunaux de simple police? Le législateur ne s'en est pas expliqué formellement et rien n'a été dit sur ce point dans les travaux préparatoires. L'art. 1er est conçu en des termes généraux. Il n'établit aucune distinction entre les condamnations correctionnelles et celles de simple police. D'ailleurs, nous sommes ici en matière pénale, et tout condamné doit bénéficier d'une disposition de faveur dont la loi ne le prive pas expressément. Du reste, quoi de plus naturel que de faire bénéficier d'une mesure de faveur les condamnés coupables de faits moins graves que ceux commis par les délinquants à qui la loi est certainement applicable?

Les tribunaux d'exception, tels que les tribunaux militaires, pourront-ils user du droit d'atténuation créé par la loi nouvelle? L'art. 7 de la loi du 26 mars 1891 refuse formellement à la juridiction des Conseils de guerre le droit d'ordonner de surseoir à l'exécution des peines qu'ils prononceront.

Il faut en dire autant, par *à pari*, des tribunaux maritimes.

Dans quelle forme le tribunal doit-il accorder le sursis?

Le sursis doit être accordé dans le même jugement qui prononce la condamnation. Un jugement postérieur serait sans qualité pour statuer sur le sursis. Au surplus, la décision du sursis doit être motivée, sans qu'il soit nécessaire pour cela d'énumérer toutes les circonstances de la cause.

Aux termes de l'art. 3, le président de la Cour ou du tribunal doit, après avoir prononcé la suspension, avertir le condamné, qu'en cas de nouvelle condamnation dans les conditions de l'article 1er, la première peine sera exécutée sans confusion possible avec la seconde et que les peines de la récidive seront encourues dans les termes des art. 57 et 58 du Code pénal.

Par ces dispositions, le législateur a voulu appeler particulièrement l'attention des juges sur le pouvoir nouveau qui leur est confié et sur les raisons qui devront les déterminer à en user. Il résulte de ces textes que le jugement, en ce qui touche le sursis, serait attaquable de la part du ministère public si la décision du tribunal sur ce point n'était point motivée.

Que décider dans le cas où, le sursis ayant été accordé par le tribunal correctionnel, le ministère public fait appel du jugement. Le condamné doit-il être mis en liberté?

D'après M. Laborde (*Lois nouvelles*, p. 408), le sursis doit produire son effet à partir de la première décision.

Cette interprétation de l'art. 1er ne me paraît pas exacte. Le sursis constitue une condamnation sous condition; il ne peut juridiquement être assimilé à un acquittement. Il serait imprudent de relâcher un condamné avant l'issue du procès.

Disons quelques mots sur les effets du sursis. Nous savons qu'en cas de nouvelle condamnation dans le délai de cinq ans, la première peine suspendue sera exécutée sans confusion avec la seconde. Mais il faut, pour cela, que la seconde condamnation soit prononcée pour crime ou délit de droit commun. Il n'y a aucune déchéance de sursis à encourir pour une seconde condamnation politique ou de simple police.

Si un individu qui a obtenu le sursis est condamné après l'expiration du délai de cinq ans, il peut obtenir un second sursis. En pratique, les juges ne le prononceront jamais dans ce cas; mais la loi ne s'y oppose pas. La première condamnation est effacée du casier judiciaire après l'expiration du délai de cinq ans. Celui qui commet un second crime ou délit après ce délai est considéré légalement comme un nouveau délinquant.

Un condamné peut-il refuser la faveur du sursis? Cette question est assez singulière, mais enfin il est bon de prévoir le cas. Rien n'est nouveau sous le soleil, comme on dit, Je crois qu'un condamné ne peut pas refuser la faveur du sursis. La nouvelle loi sur la condamnation conditionnelle est d'ordre public. Il ne doit être permis à personne d'y déroger. Cela résulte, d'ailleurs, des débats auxquels a donné lieu cette question particulière et assez originale. On ne déroge pas aux lois qui intéressent l'ordre public.

II. — *Des conditions et des effets de la récidive correctionnelle.*

La loi du 26 mars 1891 introduit de nombreuses modifications dans le droit pénal français. Nous les avons déjà examinées dans leur généralité; il est temps d'entrer dans les détails.

L'art. 5 modifie, comme nous le savons, deux dispositions du Code pénal, les art. 57 et 58.

Nous donnerons, pour plus de clarté, en regard du texte des art. 57 et 58 du Code pénal modifiés, leur texte ancien.

Article 5.

Les art. 57 et 58 du Code pénal sont modifiés comme il suit :

Art. 57 du Code Pénal.	Art. 57 modifié.
Quiconque, ayant été condamné pour crime à une peine	Quiconque, ayant été condamné pour crime à une peine

supérieure à une année d'emprisonnement, a commis un délit ou un crime qui devra n'être puni que de peines correctionnelles, sera condamné au maximum de la peine portée par la loi et cette peine pourra être élevée jusqu'au double. Le condamné sera, de plus, mis sous la surveillance spéciale de la haute police pendant 5 ans au moins et 10 ans au plus.

supérieure à une année d'emprisonnement, aura, dans un délai de 5 ans après l'expiration de cette peine ou sa prescription, commis un délit ou un crime qui devra être puni de l'emprisonnement, sera condamné au maximum de la peine portée par la loi et cette peine pourra être élevée jusqu'au double. Défense pourra être faite, en outre, au condamné de paraître, pendant 5 ans au moins et 10 ans au plus, dans les lieux dont l'interdiction lui sera signifiée par le gouvernement avant sa libération.

Art. 58 du Code Pénal.

Les coupables condamnés correctionnellement à un emprisonnement de plus d'une année seront aussi, en cas de nouveau délit ou de crime qui devra n'être puni que de peines correctionnelles, condamnés au maximum de la peine portée par la loi, et cette peine pourra être élevée jusqu'au double. Ils seront, de plus, mis sous la surveillance du gouvernement pendant 5 ans au moins et 10 ans au plus.

Art. 58 modifié.

Il en sera de même pour les condamnés à un emprisonnement de plus d'une année pour délit qui, dans le même délai, seraient reconnus coupables du même délit ou d'un crime devant être puni de l'emprisonnement. Ceux qui ayant été antérieurement condamnés à une peine d'emprisonnement de moindre durée, commettraient le même délit dans les mêmes conditions *de temps*, seront condamnés à une peine d'emprisonnement qui ne pourra être inférieure au double de celle précédemment prononcée, sans toutefois qu'elle puisse dépasser le double du maximum de la peine encourue. Les délits de vol, escroquerie et abus de confiance seront considérés comme étant, au point de vue de la récidive, le même délit. Il en sera de même des délits de vagabondage et de mendicité.

Avant de commenter les modifications apportées par la loi du 26 mars 1891, exposons brièvement la législation antérieure.

D'après l'ancien art. 57 du Code pénal, révisé par la loi du 13 mai 1803, l'individu qui, après avoir été condamné pour crime à une peine supérieure à une année d'emprisonnement, commettait un délit ou un crime puni seulement de peines correctionnelles, grâce aux circonstances de la cause, devait être condamné au maximum de la peine portée par la loi, et cette peine pouvait être élevée jusqu'au double. Le condamné devait être, de plus, mis sous la surveillance spéciale de la haute police, remplacée par l'interdiction de séjour, pendant cinq ans au moins et 10 ans au plus.

L'aggravation de peine due à la récidive s'appliquait, aux termes de l'art. 57, au condamné qui avait commis soit un crime « qui devait n'être puni que de peines correctionnelles », soit un délit. La loi nouvelle a remplacé les mots « peines correctionnelles » par ceux-ci « peine de l'emprisonnement ». Ces deux expressions sont équivalentes, et les difficultés qu'avait fait naître l'interprétation de l'art. 57 subsistent encore aujourd'hui. Nous devons donc examiner la question, car elle est des plus importantes, et essayer de la résoudre.

On peut donner à ces mots « crime qui devra n'être puni que de peines correctionnelles — ou de l'emprisonnement », trois sens différents :

1° Un fait, poursuivi comme crime, peut n'être puni que de l'emprisonnement par l'effet de l'admission d'une excuse légale, par exemple, de la provocation, de la minorité de seize ans.

2° Un fait, poursuivi comme crime, par exemple, un vol, commis avec escalade et effraction, peut n'être puni que de la peine d'emprisonnement, parce que le jury aura écarté les circonstances aggravantes, constitutives du crime.

3° Un fait, poursuivi comme crime, peut n'être puni que de l'emprisonnement par suite de l'admission des circonstances atténuantes.

Il est certain que le crime qui n'est puni que de peines correctionnelles par suite de l'admission d'une excuse légale rentre dans les termes de l'art. 57. Il s'ensuit que, dans l'application de la peine, l'atténuation de l'excuse légale doit précéder l'aggravation due à la récidive.

Il n'en est pas de même du fait poursuivi comme crime et puni de peines correctionnelles grâce à la disparition des circonstances aggravantes. Cette hypothèse n'est certainement pas celle visée par l'art. 57 : il n'y a plus crime dans l'espèce, mais simplement délit. C'est la qualification légale qui change, et non pas seulement la peine.

Les auteurs sont à peu près d'accord sur les deux points que nous passons en revue. Mais la question devient plus délicate, quand il s'agit de savoir si le fait poursuivi pour crime et puni seulement de l'emprisonnement par suite de l'admission de circonstances atténuantes rentre ou non dans les termes de l'art. 57.

Cette question a fait naître beaucoup de controverses. Il est évident que, si l'on admet que ces mots « crime qui devra n'être puni que de l'emprisonnement » visent le cas où, par l'effet de circonstances atténuantes, la peine criminelle, édictée par la loi, descend à une peine correctionnelle, il faut décider que l'atténuation due aux circonstances atténuantes doit précéder l'aggravation due à la récidive.

Un grand intérêt s'attache à la solution de cette question; car, suivant que, dans l'application des peines, le juge suivra l'un ou l'autre système, la peine définitivement prononcée pourra être bien différente.

La jurisprudence paraît s'être arrêtée à cette solution, que, dans le calcul de la peine, l'aggravation pour cause de récidive doit précéder l'atténuation pour cause de circonstances atténuantes. Mais la Cour de cassation n'est arrivée à cette solution qu'après bien des hésitations. Il semble résulter, en effet, de la discussion de la loi du 13 mai 1863, qu'il ait été dans la pensée du législateur de cette époque d'appliquer les art. 57 et 58 au cas où le fait incriminé n'est puni d'une peine d'emprisonnement que par suite de l'admission des circonstances atténuantes, et, par conséquent, de faire fonctionner les circonstances atténuantes avant la récidive. M. Dutruc (*Le Code pénal expliqué*, p. 90) n'émet aucun doute sur la question : « Il se dégage de la discussion de la loi du 13 mai 1863, observe-t-il, qu'il y a récidive de la part de celui qui, ayant été condamné correctionnellement à un emprisonnement de plus d'une année, a été ultérieurement poursuivi pour crime, si le dernier fait ne doit être puni que de peines correctionnelles par quelque cause que ce soit, c'est-à-dire tant par l'effet de la déclaration de circonstances atténuantes, que par celui de l'élimination de circonstances aggravantes ou de l'admission d'une excuse. »

La Cour suprême avait jugé tout d'abord que les art. 57 et 58 s'appliquaient au cas où le second crime était puni de peines correctionnelles, par l'effet de circonstances atténuantes. Cette opinion entraînait l'atténuation dûe aux circonstances atténuantes avant l'aggravation de la récidive (Cassation, 26 mars 1864, Sirey, 64, 1. 146; 15 septembre 1864, Sirey, 65. 1. 101).

Chauveau et Faustin-Hélie se rallièrent à cette jurisprudence. « La pensée dominante de la loi de 1863, disent-ils, a été d'introduire l'aggravation pour récidive partout où on pourrait voir une variété de récidive de délit à délit, et spécialement dans les cas où la peine du crime se correctionnaliserait par l'effet des circonstances atténuantes (*Code pénal*, tome VI, supplément, p. 27 et 28). »

Cette manière de décider rencontra, dans la doctrine et la jurisprudence, d'énergiques contradictions (Voir arrêt Cour d'assises de Saône-et-Loire, 7 décembre 1863, Sirey, 64. 2. 41 ; Labbé, *Revue critique*, tome XXIV, p. 298).

En présence de ces critiques, la Cour suprême ne tarda pas à revenir sur sa jurisprudence antérieure. Nous disions tantôt qu'elle était aujourd'hui fixée en ce sens, que, dans le calcul de la peine, l'aggravation dûe à la récidive doit précéder l'atténuation dûe à l'application de l'art. 463 du Code pénal (Cassation,

5 avril 1866, Sirey, 67. 1. 48; 15 mai 1874, Sirey, 75. 1. 95; 9 juin 1877, Sirey, 78. 1. 281; 6 novembre 1879, Sirey, 81. 1. 192; 29 avril et 29 juillet 1880, Sirey, 82. 1. 336; 3 juillet 1884, Dalloz, 86. 1. 96).

Nous croyons cette jurisprudence conforme aux principes juridiques et aux textes du droit français.

En premier lieu, la solution donné par la Cour suprême nous paraît fondée sur les principes juridiques. En effet, quel a été le but des circonstances atténuantes dans la pensée du législateur? Elles ont été destinées à corriger, par une appréciation extra-légale et toute de conscience, les imperfections de la loi, ses rigueurs, notamment, en matière de récidive. Or, les circonstances atténuantes ayant été instituées pour permettre aux juges d'abaisser, selon les règles d'équité, les peines établies *à priori* par la loi contre le crime et contre le récidiviste, doivent être appliquées, dans la marche à suivre pour la fixation des peines, après la récidive. Elles seront comme un remède à la récidive.

En second lieu, l'opinion de la jurisprudence est conforme aux textes législatifs du droit français. En effet, l'art. 463 du Code pénal dispose que l'effet des circonstances atténuantes doit porter sur *les peines prononcéees par la loi*. Or, la peine, aggravée par l'état de récidive, est bien une peine prononcée par la loi : voilà la peine qu'il s'agira d'atténuer. L'art. 341 du Code d'Instruction criminelle n'est pas moins formel en ce sens. « En toute matière criminelle, *même en cas de récidive*, le président..... avertit le jury que s'il pense, à la majorité, qu'il existe..... des circonstances atténuantes..... » Cette disposition indique clairement que l'aggravation de la récidive doit précéder l'atténuation des circonstances atténuantes. On peut tirer un argument analogue du texte même relatif aux circonstances atténuantes, l'art. 463 (Voir Blanche, t. VI, n° 690; Garraud, II, p. 330 et 331; Ortolan, t. II, n° 1666 *bis*).

Ces principes posés, il nous reste à nous demander quelle était la législation antérieure à la loi du 26 mars, au sujet de la récidive de peine correctionnelle à peine correctionnelle.

Le Code pénal français n'aggravait cette récidive que lorsque la peine correctionnelle, prononcée pour le premier crime ou délit, était supérieure à une année d'emprisonnement (art. 57 et 58 ancien).

Le législateur avait pensé que, pour attacher un effet aggravant à la seconde condamnation, la première devait avoir une certaine gravité. Cette limite de plus d'une année d'emprisonnement était donc très importante sous l'empire des anciens art. 57 et 58. C'est ce qui explique, dans la pratique, la fréquence des condamnations à un an et un jour d'emprisonnement.

Lors de la discussion du 26 mars 1891, on a constaté avec raison qu'il y avait une lacune dans le Code pénal. Le législateur a créé, en conséquence, ce qu'on a appelé la petite récidive, qui s'applique aux individus qui, après avoir été condamnés à une peine d'emprisonnement d'un an ou de moindre durée, commettent le même délit dans le délai de cinq ans.

Déjà, tandis que le Code pénal ne tenait aucun compte de la réitération des petits délits passibles d'une peine inférieure à un an et un jour, tels que vol, escroquerie, abus de confiance, vagabondage, mendicité, rupture de ban, réitération qui dénote bien, chez le délinquant, l'habitude criminelle, la loi du 27 mai 1885, sous l'influence de cette considération d'ordre social, que les malfaiteurs de profession se multipliaient de jour en jour, a fait de la réitération des petits délits précités un élément de récidive et la punit de la relégation.

Les modifications apportées à l'art. 57 par la loi du 26 mars 1891 sont donc au nombre de trois :

1° L'aggravation ne se produira plus qu'à l'égard des délits passibles d'une peine d'emprisonnement, non, par conséquent, à l'égard de ceux punissables d'une amende seulement. Cela provient de ce que les expressions : « peines correctionnelles » ont été changées en « peine de l'emprisonnement ».

2° L'aggravation de la peine ne se produira que si la seconde infraction a été commise dans un délai de cinq ans après l'expiration de la première peine ou sa prescription. Sur ce point, l'art. 57 reçoit une considérable atténuation, la nouvelle loi est infiniment plus douce que le texte du Code pénal. Il y a lieu de regretter que la loi ait adopté un délai aussi court. « Un individu, condamné pour crime, observe très justement M. Brégeault (*Lois nouvelles*, p. 330), qui, après avoir subi sa peine, peut-être réduite par la grâce, ou même, après s'être soustrait aux recherches de la justice et avoir passé le temps de la prescription, on ne sait où, à l'étranger le plus souvent, et vivant on devine comment, commet un nouveau délit ou même un crime cinq ans plus tard, est-il digne d'une semblable indulgence? »

3° D'après l'ancien art. 57, le tribunal était obligé de prononcer l'interdiction de séjour contre les récidivistes correctionnels. Le nouvel art. 57 rend l'interdiction de séjour facultative. Cette modification a mis en harmonie la loi du 26 mars 1891 avec la loi du 23 janvier 1874, qui rend la surveillance facultative en matière criminelle. On sait que la surveillance de la haute police a été remplacée par l'interdiction de séjour depuis la loi du 27 mai 1885.

La loi du 26 mars 1891 a apporté, en matière de récidive de délit à délit, prévue par l'art. 58 du Code pénal, deux importantes modifications, indépendamment de la prescription quinquennale de la récidive, admise déjà en matière de récidive de crime à délit.

Comme nous le disions plus haut, la création de la petite récidive est venue combler une lacune dans la législation criminelle française. Le Code pénal édictait bien une aggravation de peine en matière de récidive de crime à crime ou à délit, et de contravention à contravention, mais il n'aggravait la peine, en matière de récidive de délit à délit, que dans le cas où la première condamnation excédait une année d'emprisonnement. Il y avait là, selon l'expression du rapporteur, une espèce de « champ réservé », où le malfaiteur pouvait laisser libre cours à ses mauvais instincts sans crainte de s'exposer à l'aggravation de la récidive, et, « ce domaine privilégié », suivant une autre expression du même rapporteur, représentait plus des neuf dixièmes de la criminalité (Rapport Bérenger, p. 21).

Aujourd'hui tombent sous le coup de la petite récidive tous les individus, qui, après avoir été condamnés à une peine d'un an ou inférieure à un an, ont commis une nouvelle infraction dans le délai de cinq ans. Dans ce cas, le minimum de la peine sera le double de la peine précédemment prononcée par le tribunal, et le maximum sera le double du maximum de la peine encourue pour la seconde infraction.

La seconde innovation relativement à l'art. 78 n'est pas moins importante que la première. La loi de 1891 a donné le caractère de spécialité à la récidive de délit à délit. Il faut, aujourd'hui, pour qu'il y ait récidive de délit à délit, que le second fait soit de même nature que le premier et prévu par le même article du Code pénal. Nous avons déjà fait connaître longuement notre opinion relativement à la récidive spéciale. Nous n'y reviendrons pas.

La loi nouvelle, tout en adoptant le principe de la récidive spéciale, assimile entre eux certains délits, ce qui diminue, dans une certaine mesure, les inconvénients de la spécialité.

En premier lieu, la loi assimile le vol, l'escroquerie et l'abus de confiance. Il résulte d'une déclaration formelle du rapporteur à ce sujet (*Journal Officiel*, Chambre des députés, séance du 22 mars 1891, p. 691) que les art. 406 et 407, relatifs, le premier aux abus des besoins, faiblesses ou passions d'un mineur, et le second aux abus de blanc-seing, sont compris dans cette assimilation.

A part les deux délits indiqués par M. Barthou, il ne serait pas juridique d'étendre l'assimilation à la filouterie d'aliments (art. 401), à la soustraction de pièces dans une contestation judiciaire (art. 409), à la destruction des titres (art. 439), ni à la fraude en matière de société (art. 15 de la loi du 24 juillet 1867).

L'énumération de l'art. 58 est limitative.

En second lieu, il y a assimilation entre le vagabondage et la mendicité. Cette assimilation comprendra non seulement la mendicité simple (art. 274 et 275), mais la mendicité avec menaces, simulation d'infirmités, et en réunion (art. 276).

Sous l'empire du Code pénal, toutes les peines du délit commis en récidive étaient aggravées. D'après la loi du 26 mars, l'aggravation ne porte plus que sur l'emprisonnement. Il n'y aura rien à changer au taux des peines complémentaires et de l'amende. Il n'existe aucun doute qu'il en soit ainsi pour la petite récidive (art. 58, § 2). Mais cette innovation existe-t-elle également pour la grande récidive?

Le nouvel art. 57, auquel se réfère le nouvel art. 58, § 1er, a conservé la formule de l'ancien art. 57 : « Sera condamné au maximum de la peine portée par la loi ». Il semble que cette expression « la peine » s'entend de toute la pénalité du second délit, de l'ensemble des peines qui lui étaient applicables.

Je crois cependant que, dans les art. 57 et 58 (1°), l'aggravation de la peine à raison de la récidive doit être restreinte à l'emprisonnement.

Les travaux préparatoires le prouvent. « En matière correctionnelle, dit M. Barthou (*Journal Officiel*, p. 467), il n'y a qu'une peine, l'emprisonnement. » La récidive, aux termes des art. 57 et 58, entraîne le maximum de la peine qui peut être portée jusqu'au double. Le législateur de 1891 a donc voulu opérer cette réforme.

Il est bon de remarquer également que le sens des expressions « la peine portée par la loi » se détermine par ce qui les précède, c'est-à-dire par les mots : « puni de la peine de l'emprisonnement ».

Qu'est-ce qui détermine la répression de la récidive? C'est incontestablement l'emprisonnement encouru pour le second délit. Il est donc logique que cet emprisonnement subisse seul l'aggravation due à la récidive.

Cette interprétation est, d'ailleurs, exigée par les principes généraux. Car il est un principe dans les lois pénales, d'après lequel ce qui est douteux doit toujours être résolu dans un sens favorable au prévenu.

Enfin, la lecture des art. 57 et 58 montre bien que, si la loi a établi une différence, au point de vue de la peine, entre la grande et la petite récidive, c'est non pas dans la nature de la peine qu'il s'agit d'aggraver, mais seulement dans le calcul de l'aggravation.

Terminons, en faisant observer que l'art. 463, relatif aux circonstances atténuantes, reste, comme par le passé, applicable aux nouveaux art. 57 et 58. Bien que le maintien de cette disposition soit équitable et humain, il faut reconnaître cependant que la pensée primitive de l'auteur de la proposition de loi a été méconnue bien souvent, et que le second objet de cette proposition, qui était de fortifier la répression à l'égard des récidivistes, n'a pas été suffisamment rempli, de sorte que la loi nouvelle reste, comme on l'a très justement fait remarquer, une loi d'atténuation plutôt qu'une loi d'aggravation à l'égard des récidivistes. Si la première partie de la loi Bérenger est excellente et peut produire de merveilleux résultats en intéressant le délinquant primaire à ne pas encourir une seconde condamnation, la seconde partie, grâce à l'esprit français porté à l'excès à l'indulgence, atténue la situation des condamnés secondaires qu'elle aurait dû aggraver.

Paris. — Imp. F. Pichon, 282, rue Saint-Jacques, et 24, rue Soufflot.

OUVRAGES DU MÊME AUTEUR :

Les Assurances sur la vie au point de vue théorique et pratique. Mémoire couronné par la Faculté de droit d'Aix, concours de doctorat, premier prix, revu et complété. 1 vol. in-8°.

Des Classes ouvrières à Rome. Mémoire couronné par l'Académie de législation de Toulouse, revu et corrigé. 1 vol. in-8°.

La Protection industrielle et le nouveau Régime douanier. 1 vol. in-8°.

www.ingramcontent.com/pod-product-compliance
Ingram Content Group UK Ltd.
Pitfield, Milton Keynes, MK11 3LW, UK
UKHW021519260726
13993UKWH00004B/1773